COLDPLAY
A RUSH OF BLOOD TO THE HEAD

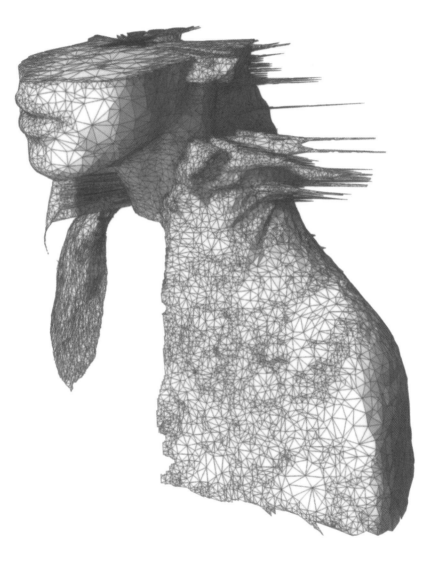

ISBN 978-1-4584-9433-7

HAL•LEONARD®
CORPORATION
7777 W. BLUEMOUND RD. P.O. BOX 13819 MILWAUKEE, WI 53213

Visit Hal Leonard Online at
www.halleonard.com

POLITIK

Words and Music by GUY BERRYMAN,
JON BUCKLAND, WILL CHAMPION
and CHRIS MARTIN

Slowly

Look at earth from out - er space, _____
Give me one, 'cause one _____ is best _____

ev - 'ry - one must find _____ a place. _____
in con - fu - sion, con - fi - dence. _____

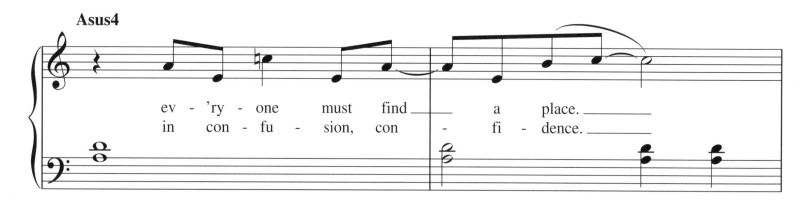

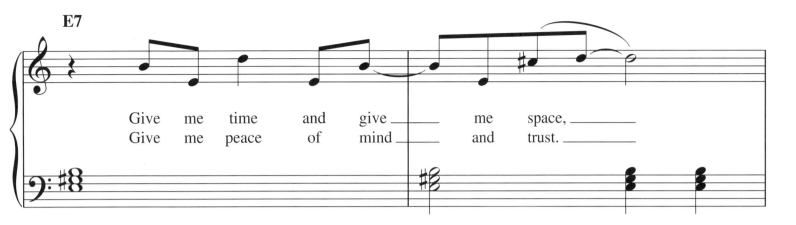

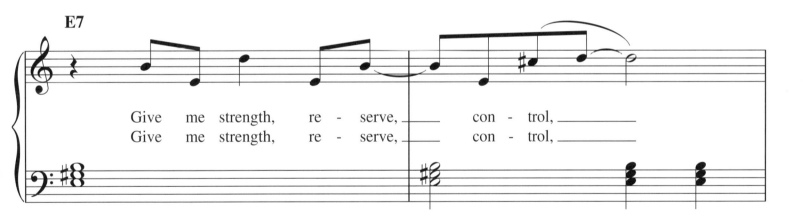

6

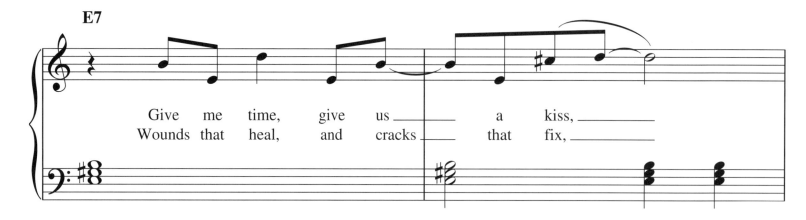

E7

Give me time, give us _____ a kiss, _____

Wounds that heal, and cracks _____ that fix, _____

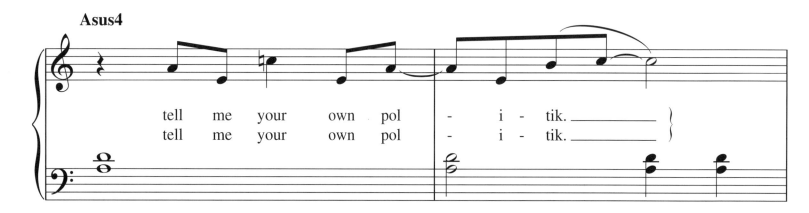

Asus4

tell me your own pol - i - tik. _____

tell me your own pol - i - tik. _____

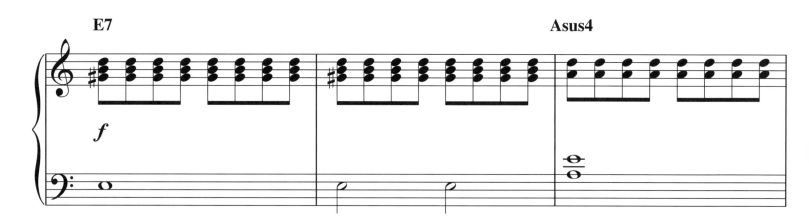

E7   **Asus4**

f

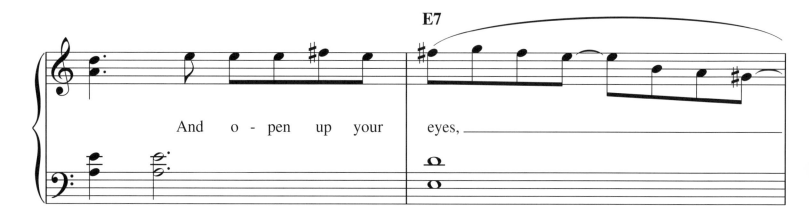

And o - pen up your **E7** eyes, _____

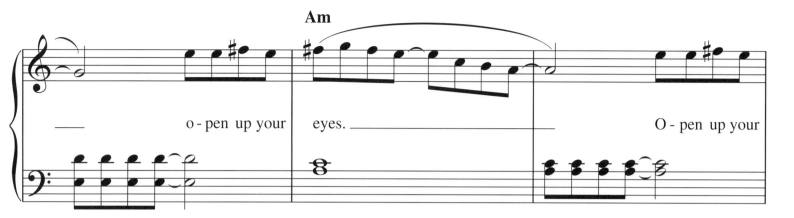

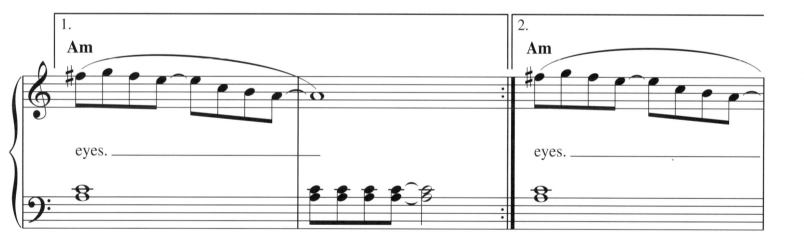

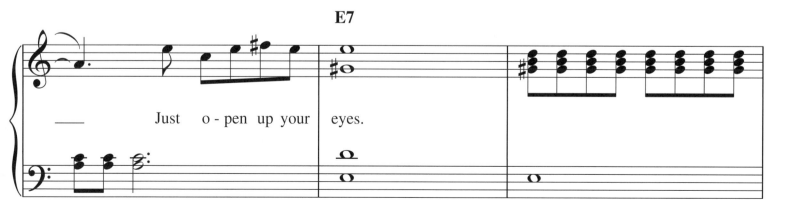

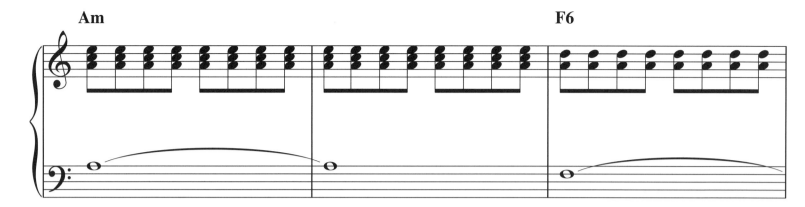

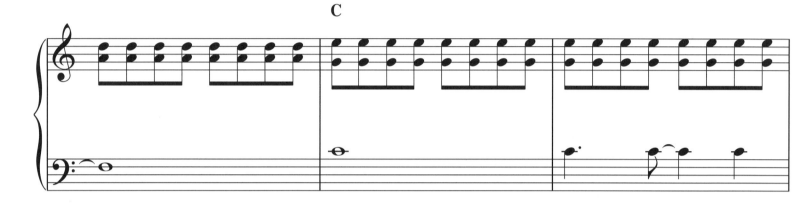

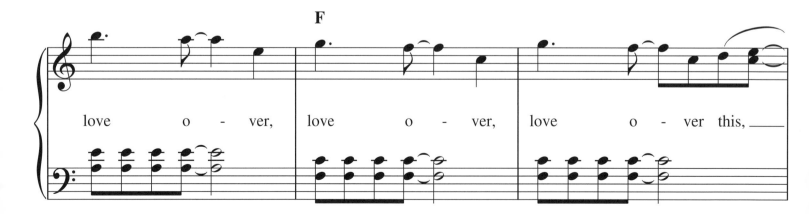

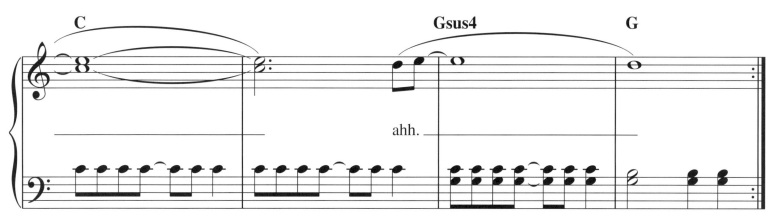

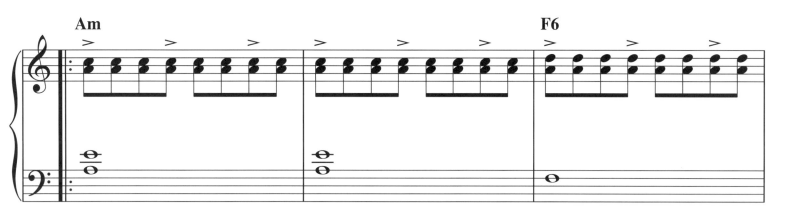

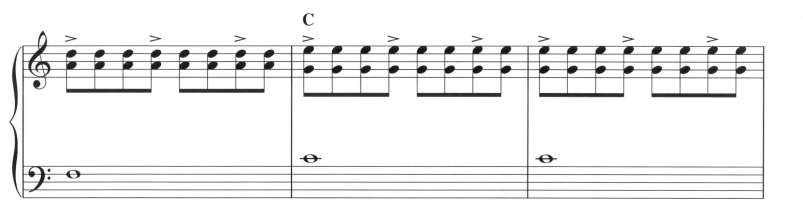

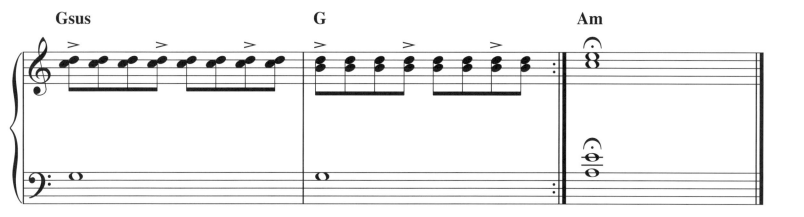

IN MY PLACE

Words and Music by GUY BERRYMAN,
JON BUCKLAND, WILL CHAMPION
and CHRIS MARTIN

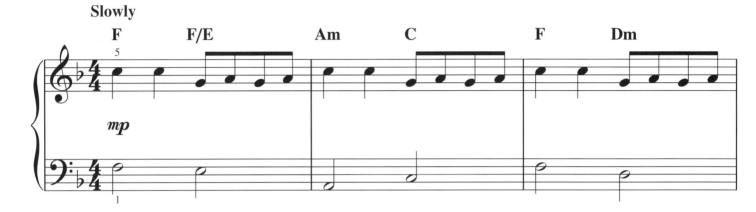

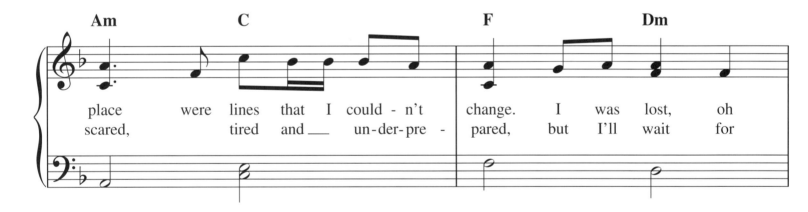

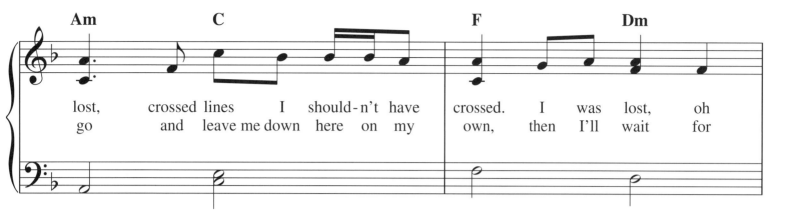

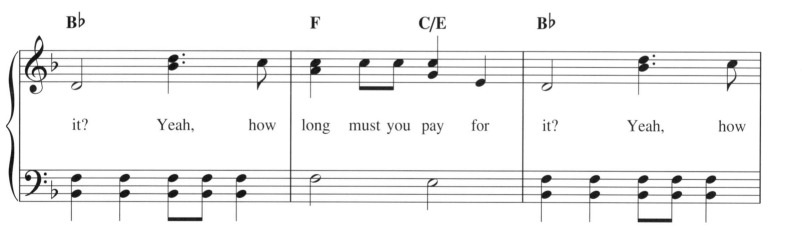

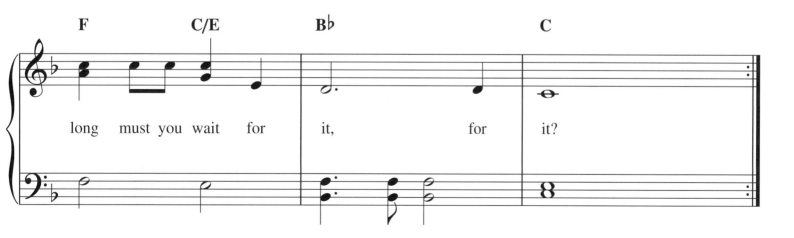

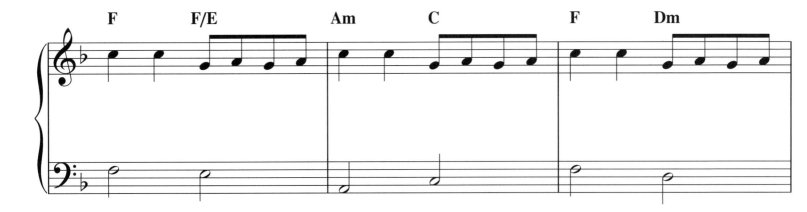

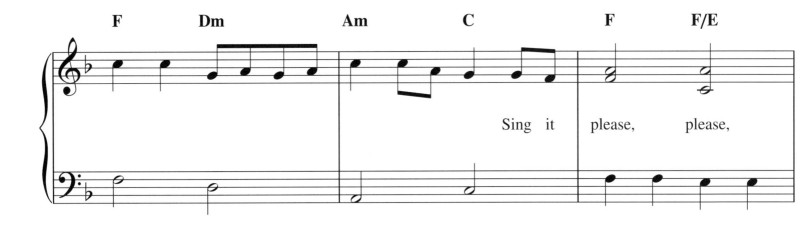

Sing it   please,   please,

please   come back and sing to | me,   to me, | me.   Come on and sing it

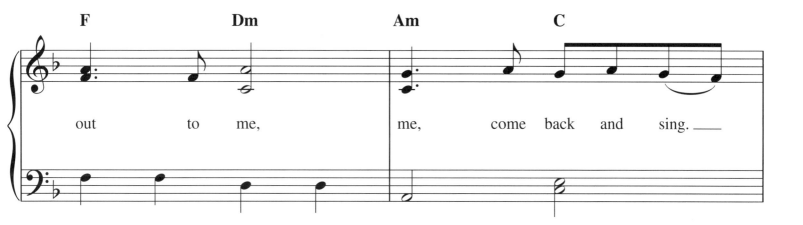

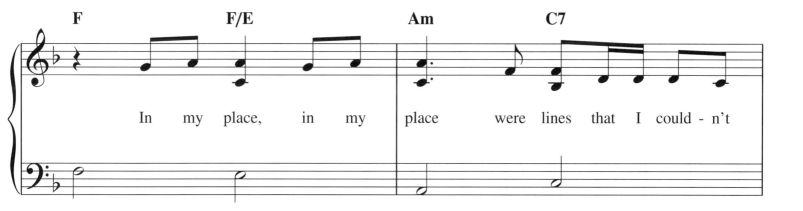

GOD PUT A SMILE UPON YOUR FACE

Words and Music by GUY BERRYMAN,
JON BUCKLAND, WILL CHAMPION
and CHRIS MARTIN

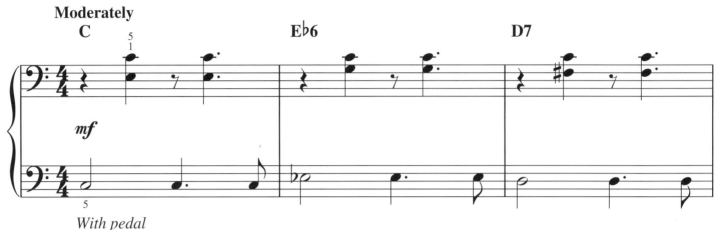

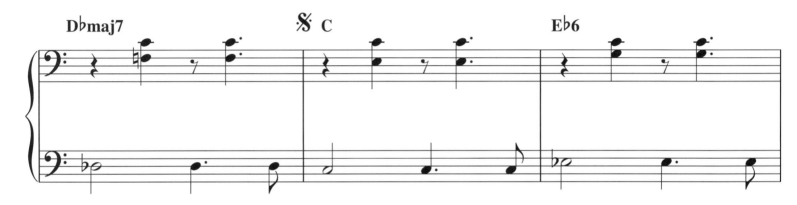

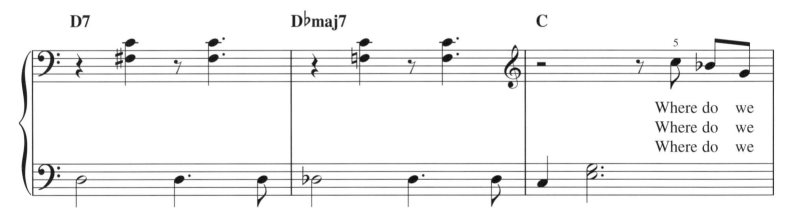

Where do we
Where do we
Where do we

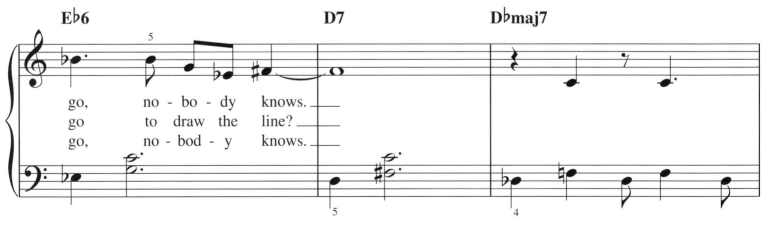

go, no - bo - dy knows.
go to draw the line?
go, no - bod - y knows.

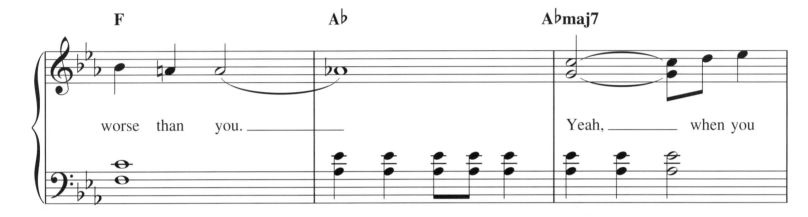

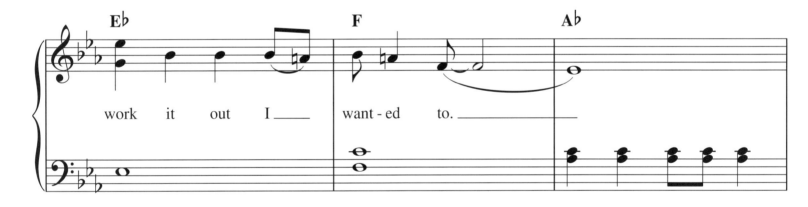

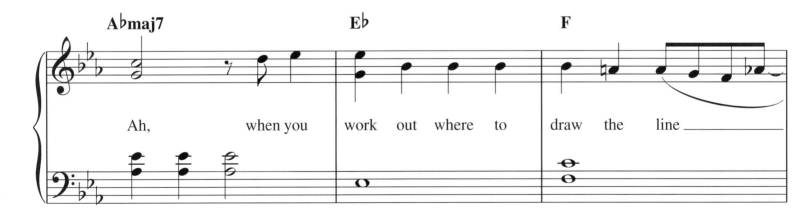

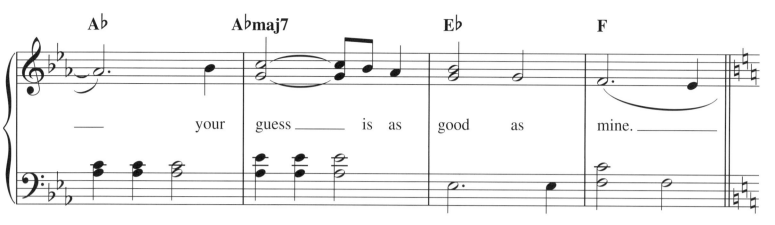

your guess _____ is as good as mine. _____

It's as good as

mine. _____

It's as

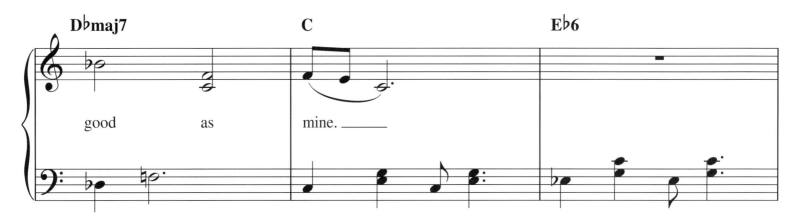

good as mine.

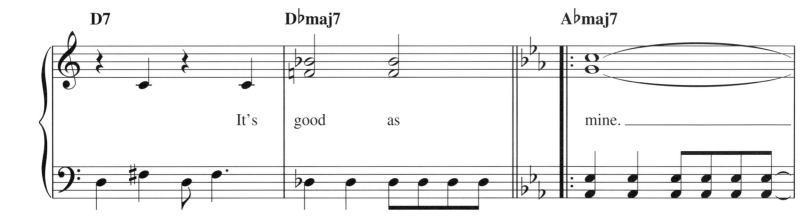

It's good as mine.

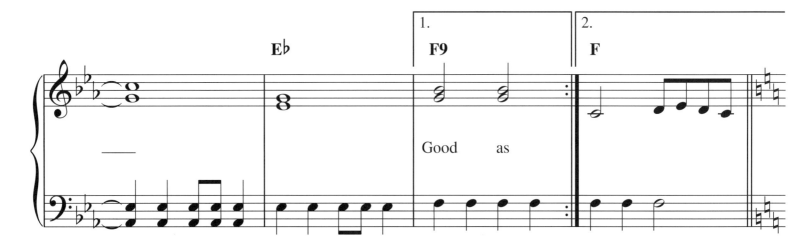

Good as

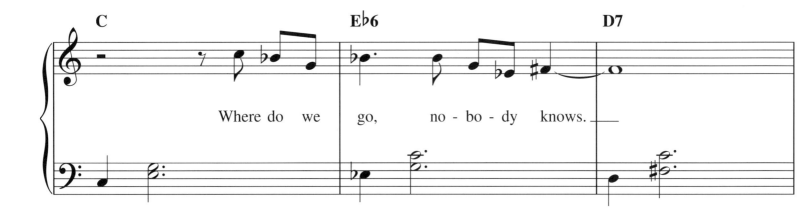

Where do we go, no - bo - dy knows.

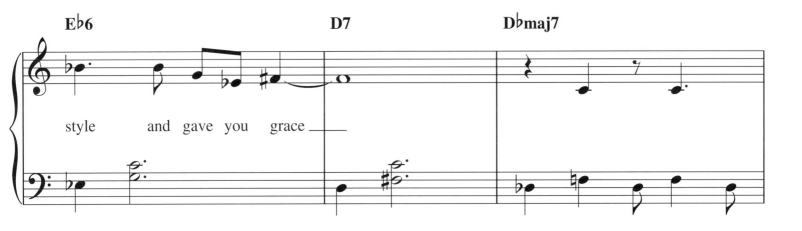

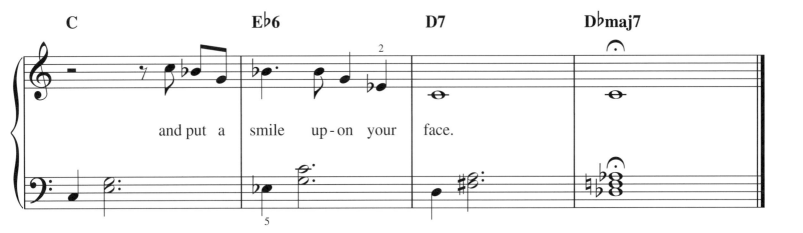

THE SCIENTIST

Words and Music by GUY BERRYMAN,
JON BUCKLAND, WILL CHAMPION
and CHRIS MARTIN

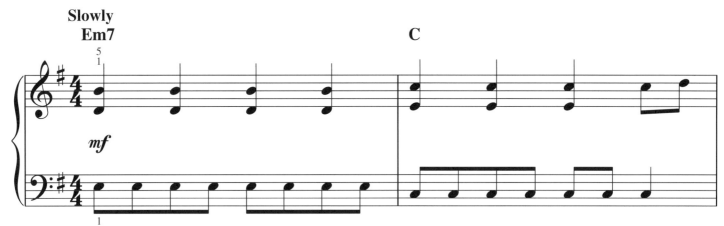

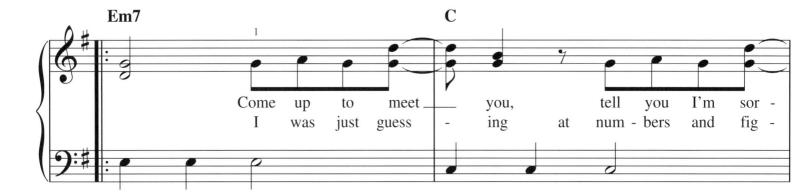

Come up to meet you, tell you I'm sor-
I was just guess - ing at num - bers and fig -

- ry, you don't know how love - ly you are.
- ures, pull - ing your puz - zles a - part.

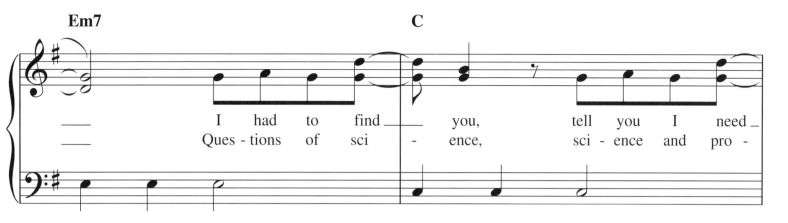

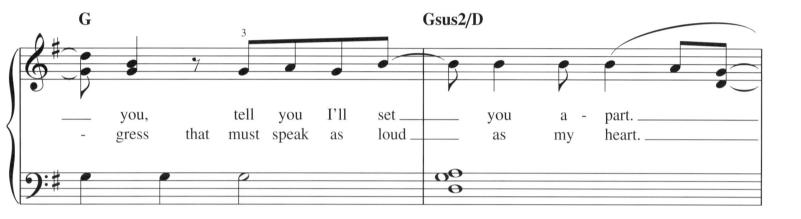

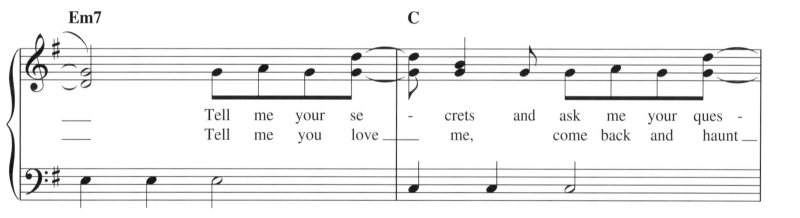

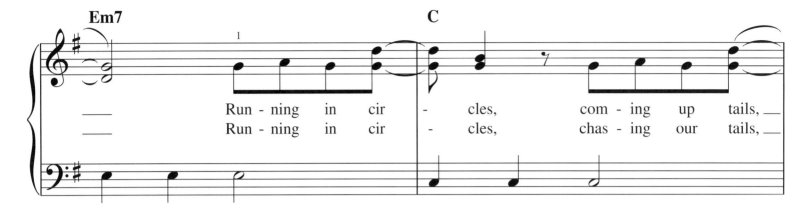

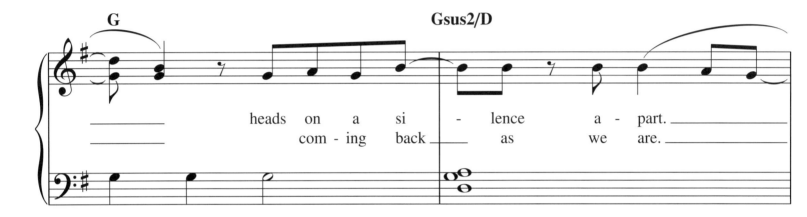

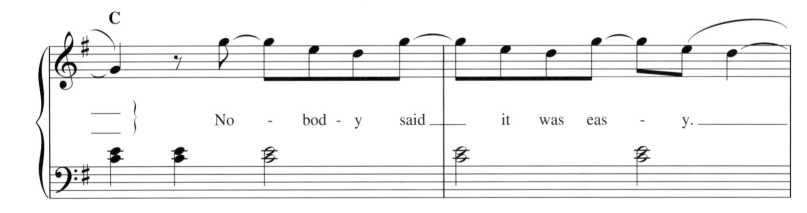

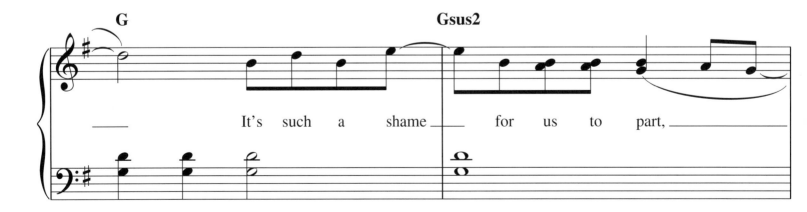

No - bod - y said ___ it was eas - y. ___

No ___ one ev - er said ___ it would be this ___ hard. ___

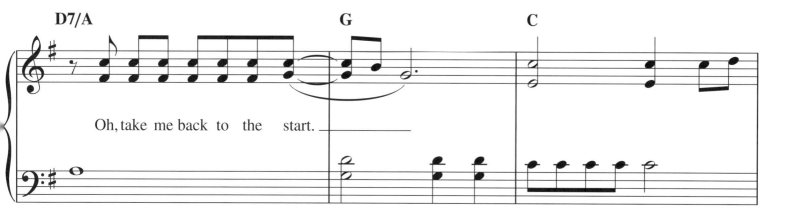

Oh, take me back to the start. ___

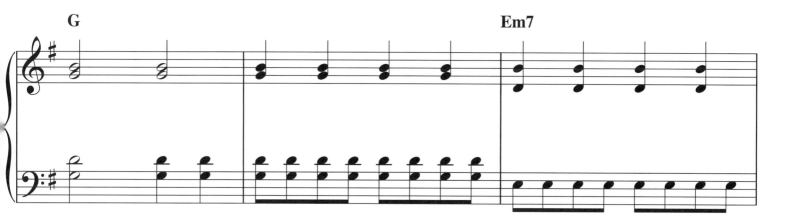

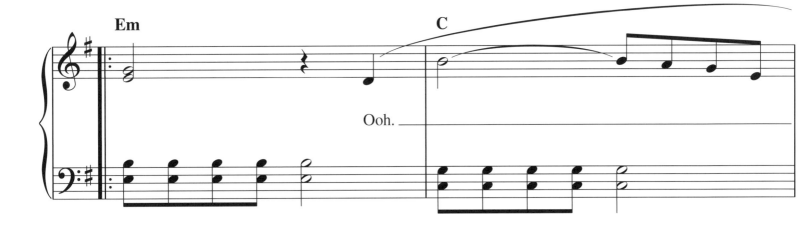

Ooh. ____

Play 3 times

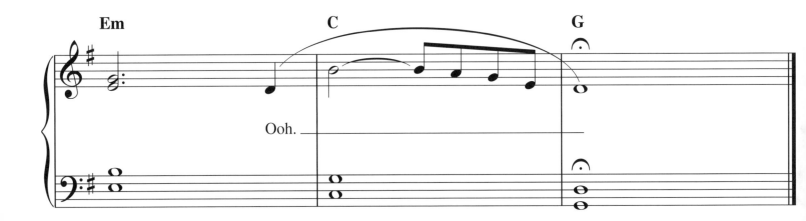

Ooh. ____

CLOCKS

Words and Music by GUY BERRYMAN,
JON BUCKLAND, WILL CHAMPION
and CHRIS MARTIN

Moving along

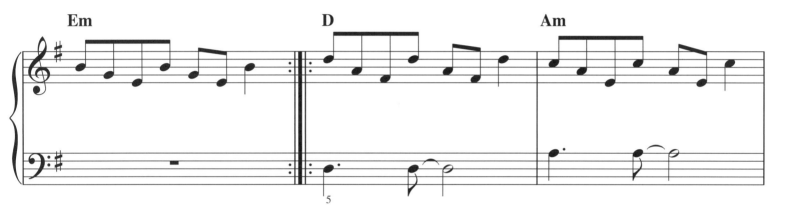

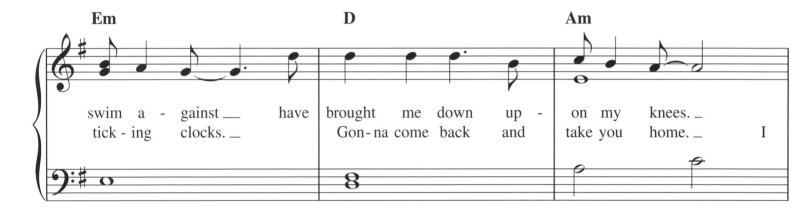

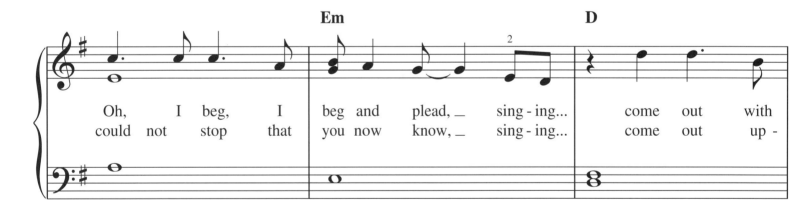

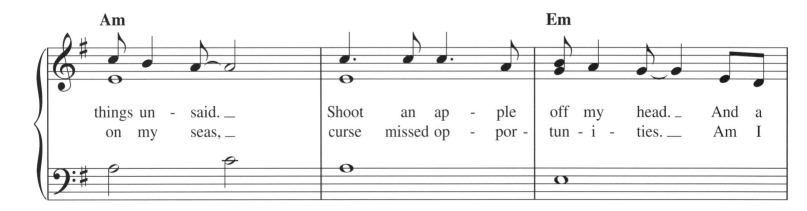

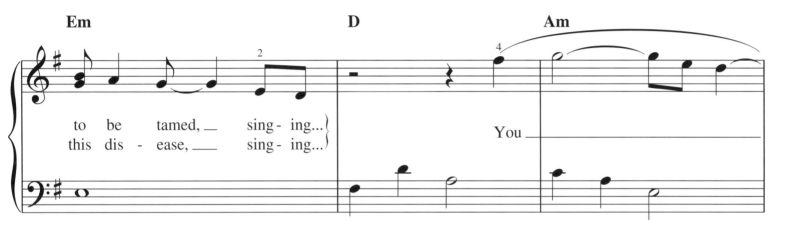

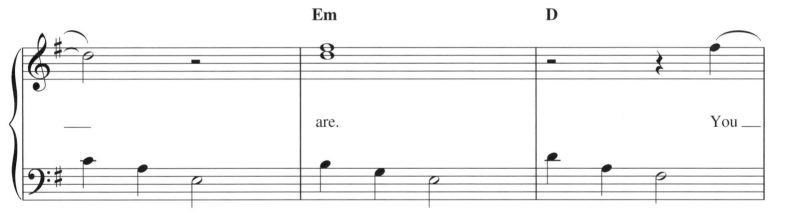

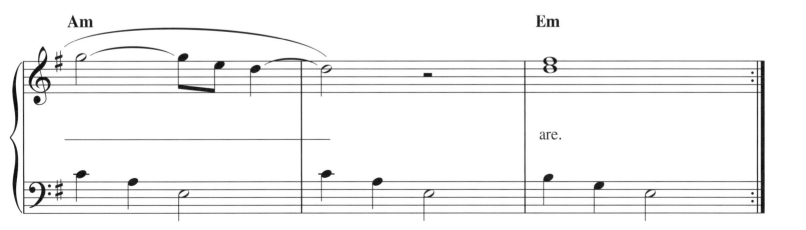

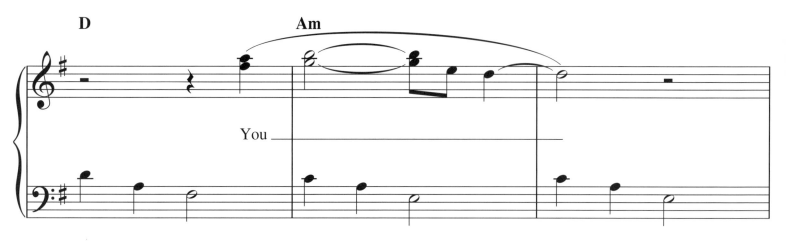

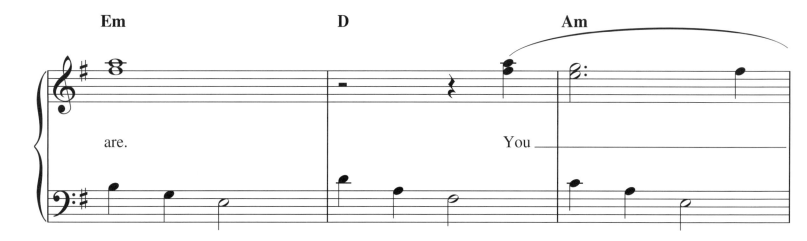

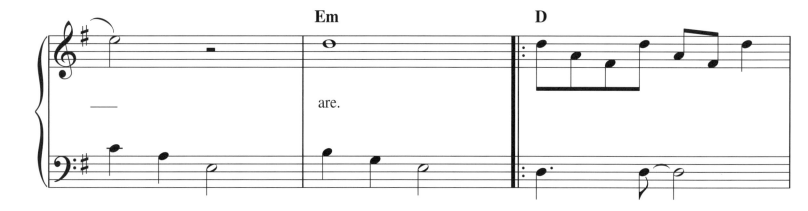

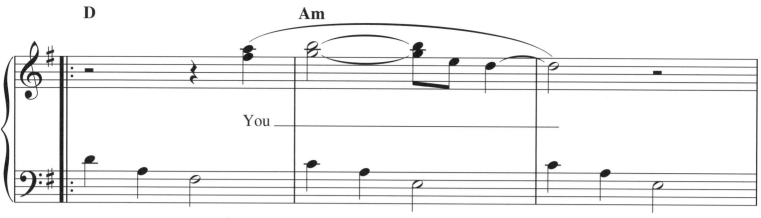

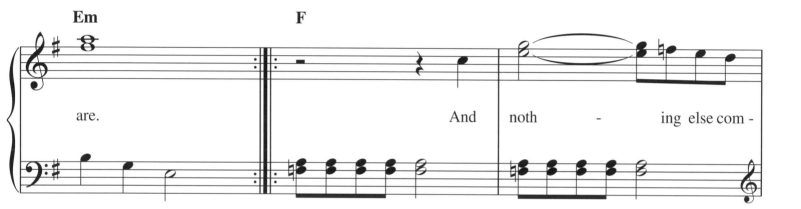

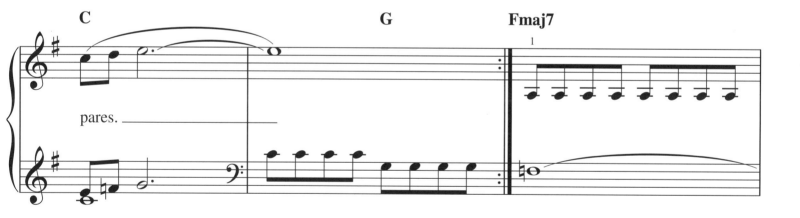

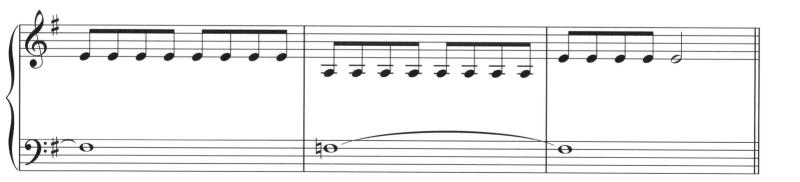

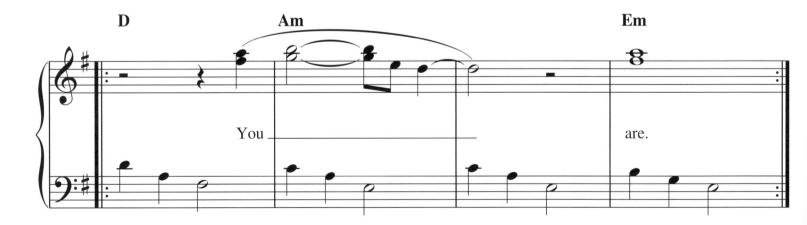

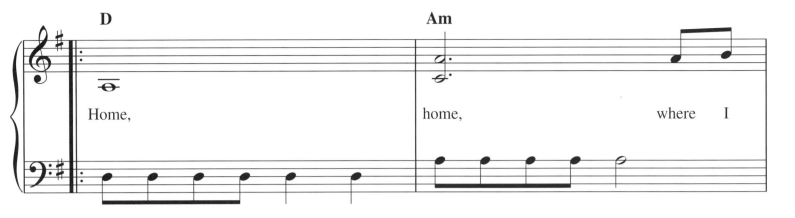

Home, home, where I

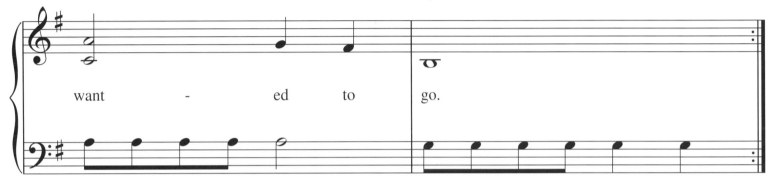

want - ed to go.

Repeat and Fade | Optional Ending

DAYLIGHT

Words and Music by GUY BERRYMAN,
JON BUCKLAND, WILL CHAMPION
and CHRIS MARTIN

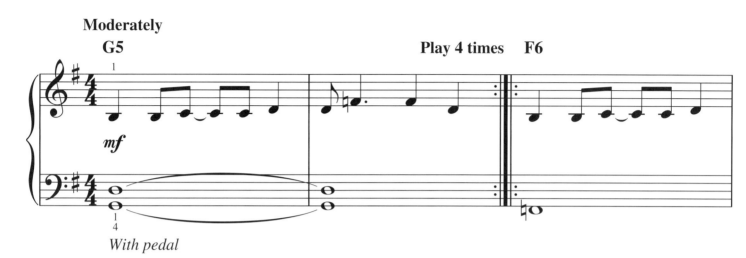

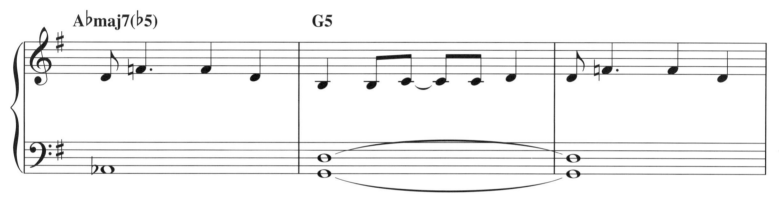

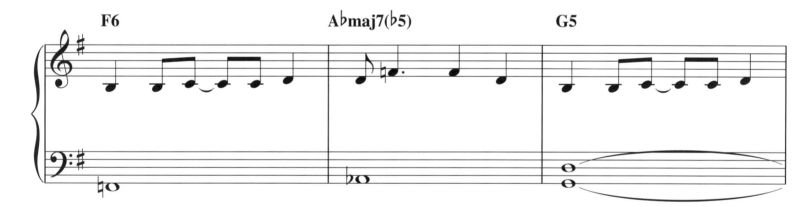

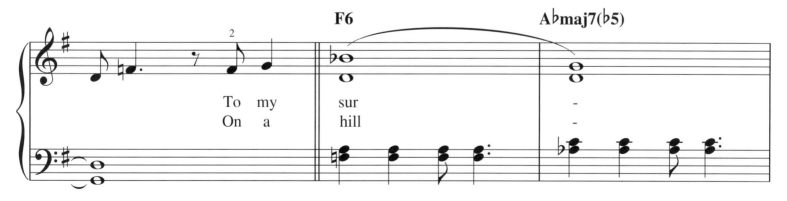

To my   sur -
On a   hill -

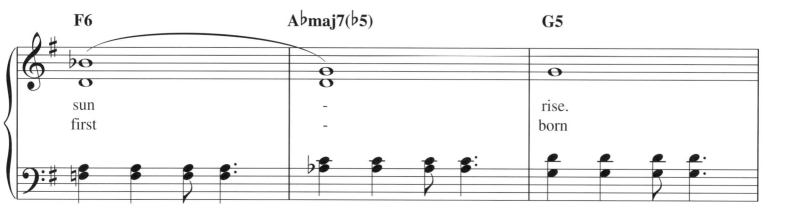

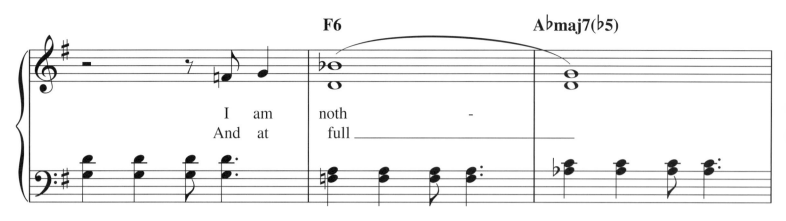

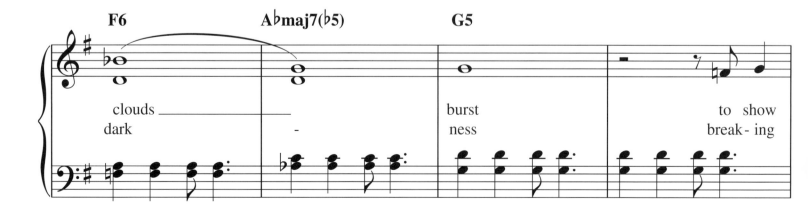

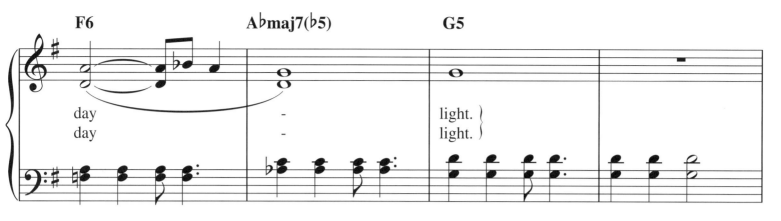

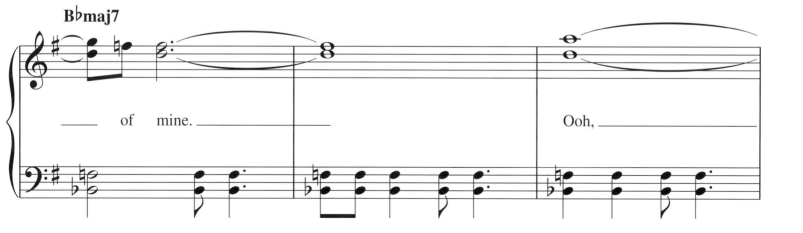

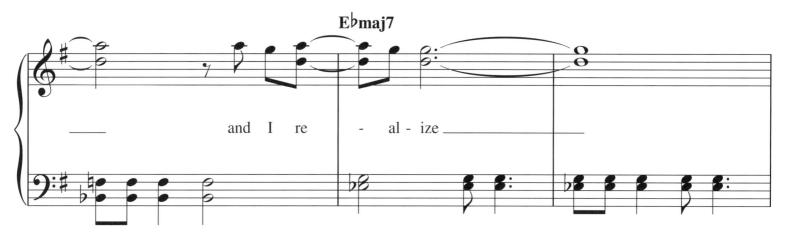

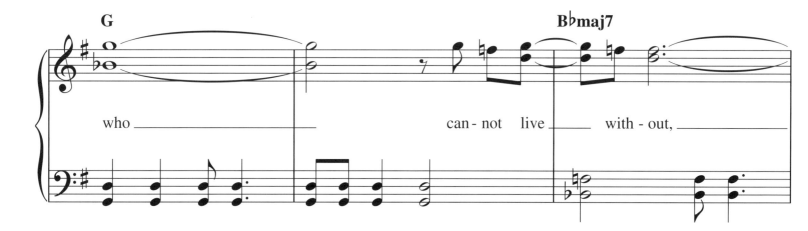

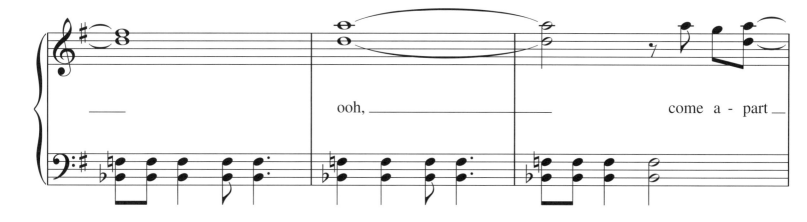

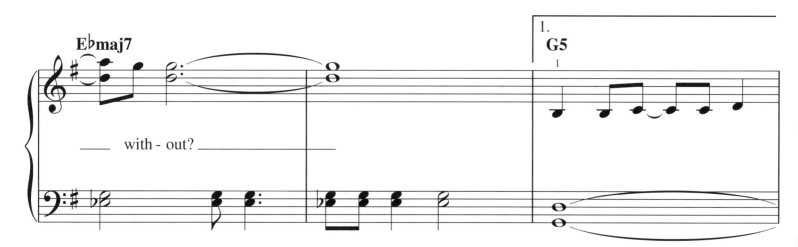

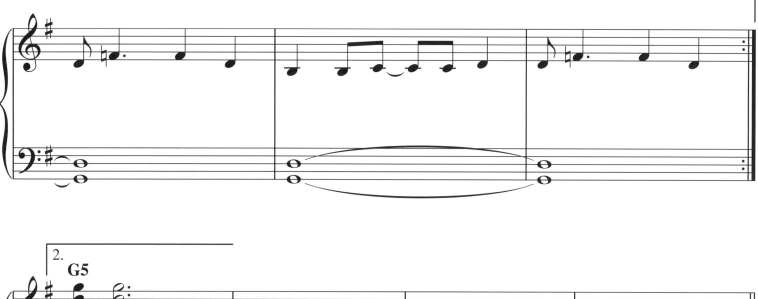

Day - light.

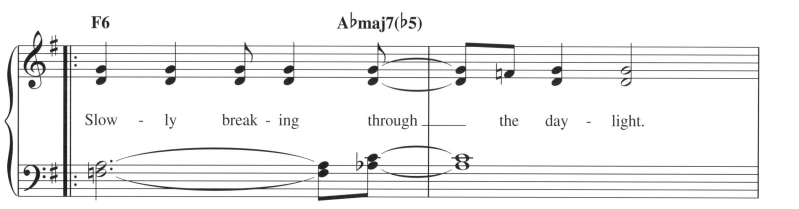

Slow - ly break - ing through ___ the day - light.

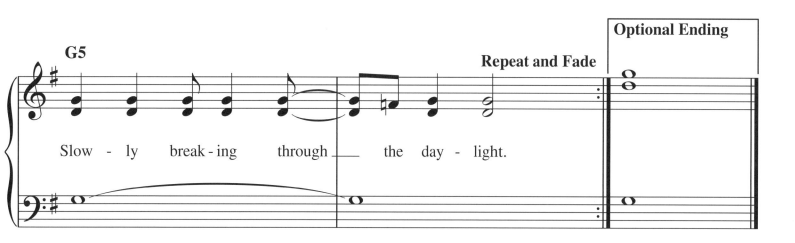

Optional Ending

Repeat and Fade

Slow - ly break - ing through ___ the day - light.

GREEN EYES

Words and Music by GUY BERRYMAN,
JON BUCKLAND, WILL CHAMPION
and CHRIS MARTIN

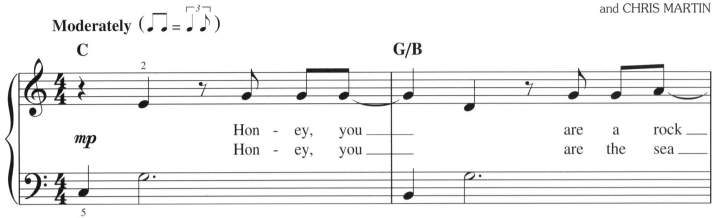

Hon - ey, you _____ are a rock _____
Hon - ey, you _____ are the sea _____

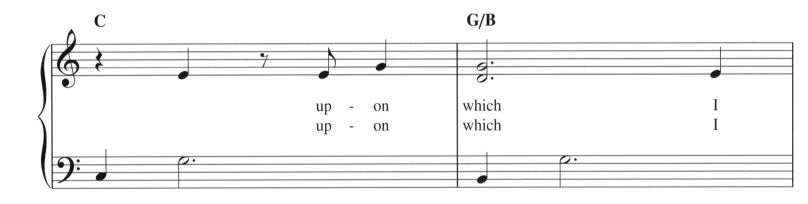

up - on which I
up - on which I

stand. _____
float. _____

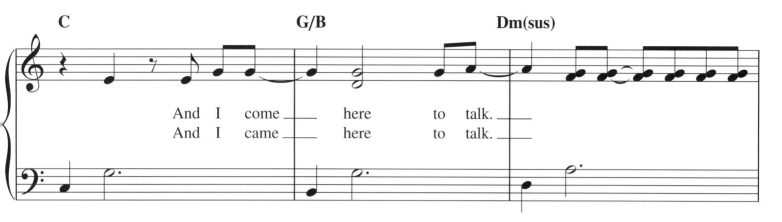

C **G/B** **Dm(sus)**

And I come ___ here to talk. ___
And I came ___ here to talk. ___

C **G/B**

I hope you un - der - stand ___
I think you should know ___

Dm(sus) **Dm**

___ that green eyes, ___
___ that green eyes, ___

F

yeah, the spot - light ___ shines up -
you're the one ___ I ___ want - ed to

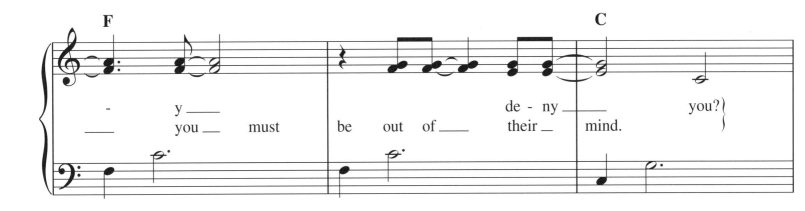

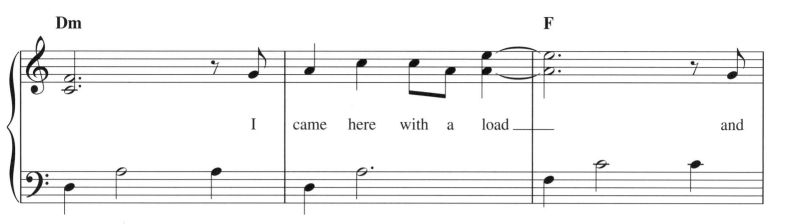

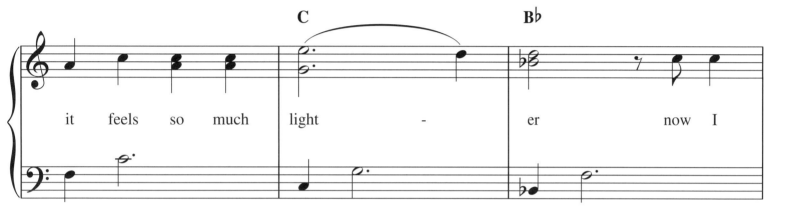

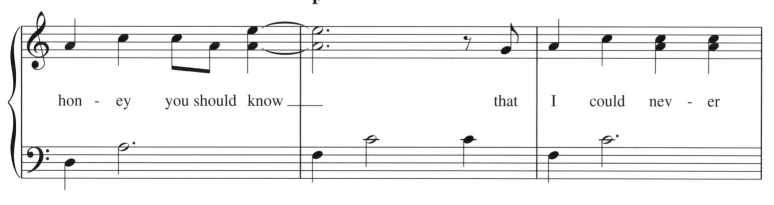

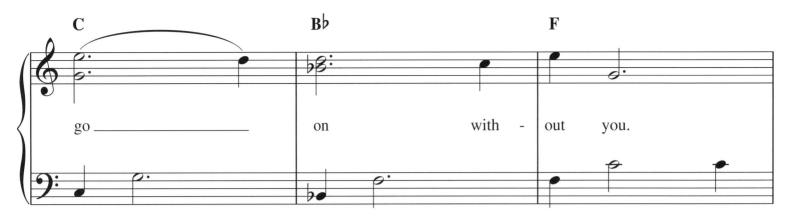

go _____ on with - out you.

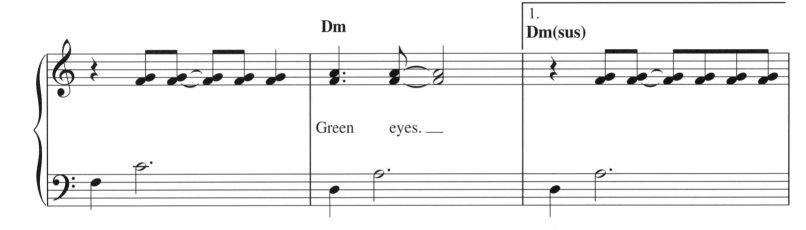

Green eyes. ___

Green eyes. ___

Green eyes. ___ Oh, ___ oh, oh. ___

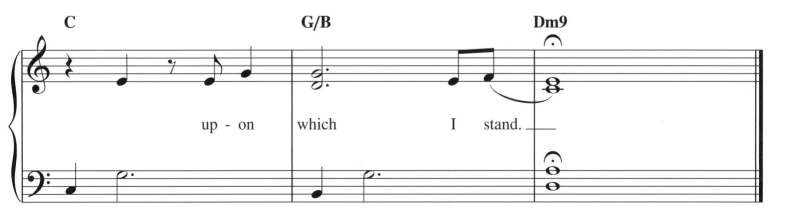

A WARNING SIGN

Words and Music by GUY BERRYMAN,
JON BUCKLAND, WILL CHAMPION
and CHRIS MARTIN

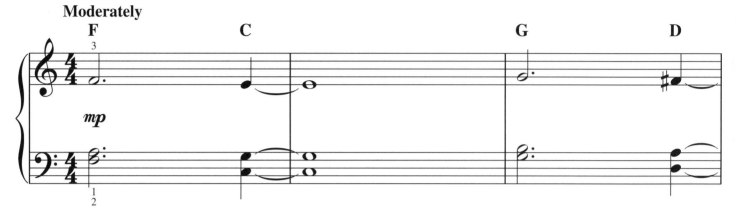

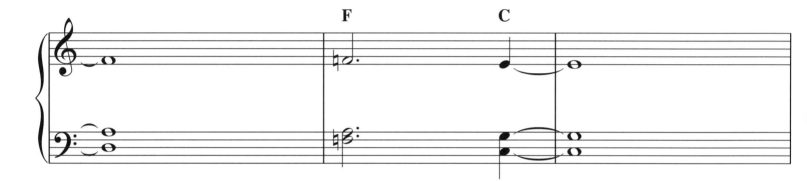

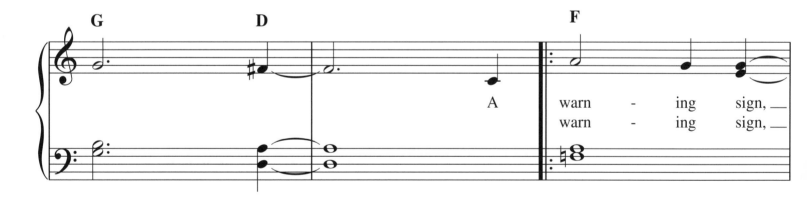

A warn - ing   sign, ___
   warn - ing   sign, ___

I missed the good ___   part   then I
you came back to   haunt me   and I

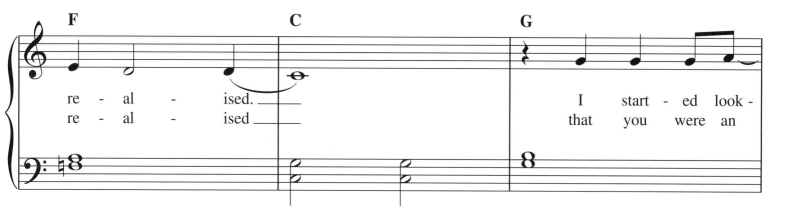

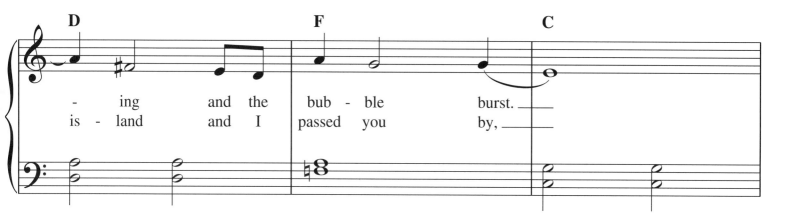

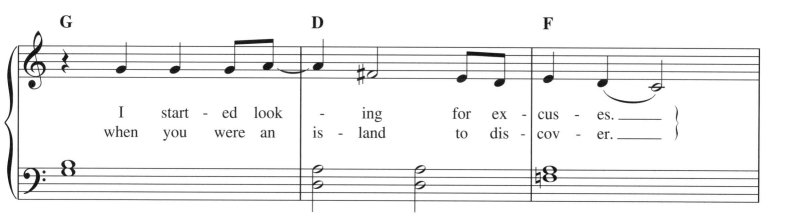

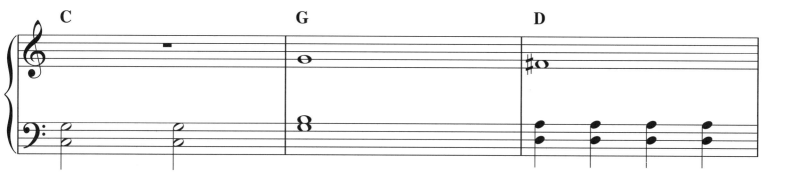

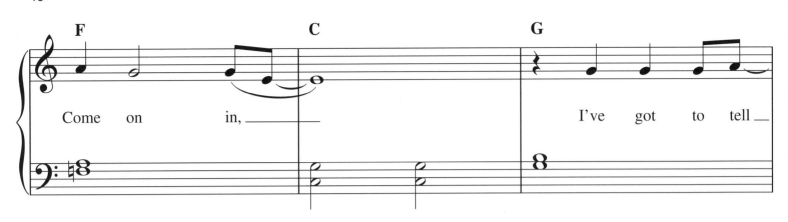

Come on in, ___ I've got to tell ___

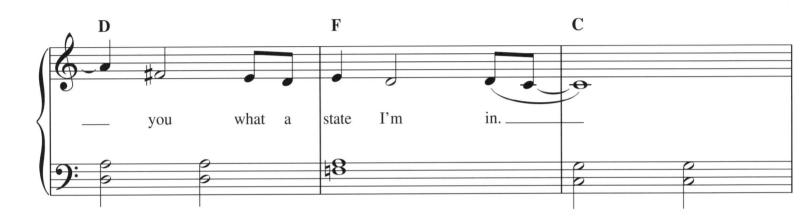

___ you what a state I'm in. ___

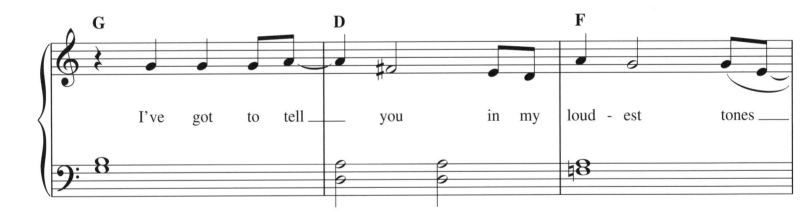

I've got to tell ___ you in my loud - est tones ___

___ that I ___ start - ed look - ing for a

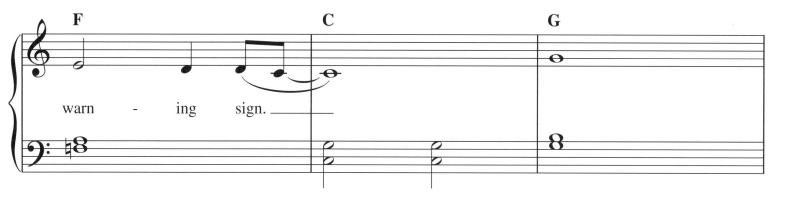

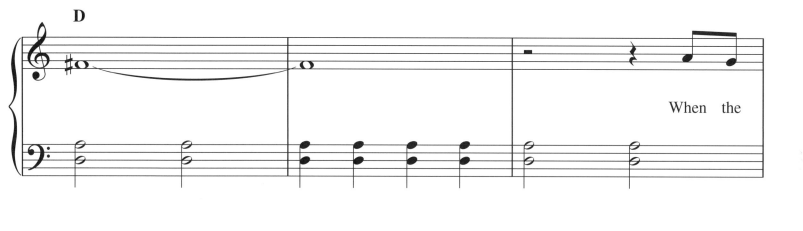

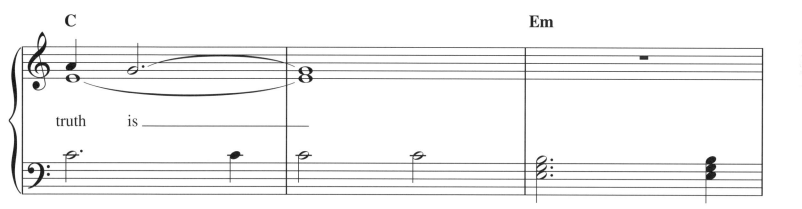

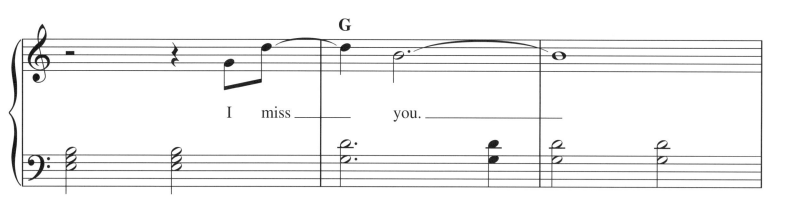

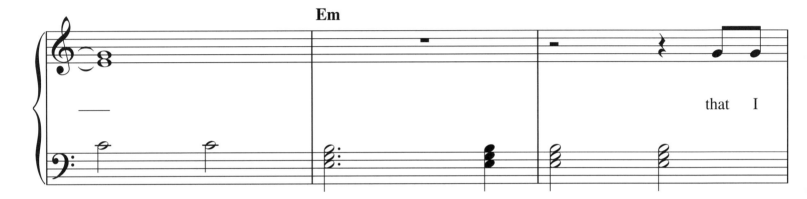

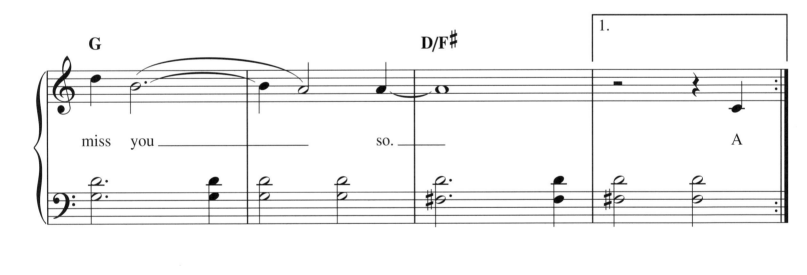

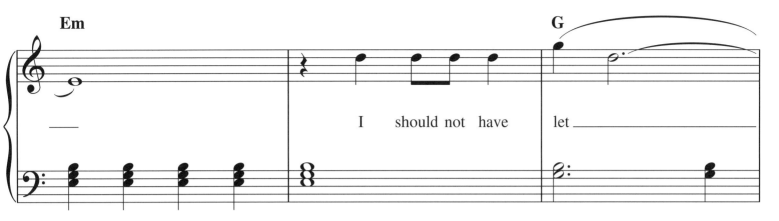

I should not have let

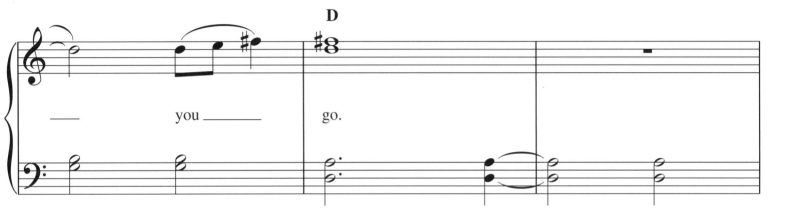

you go.

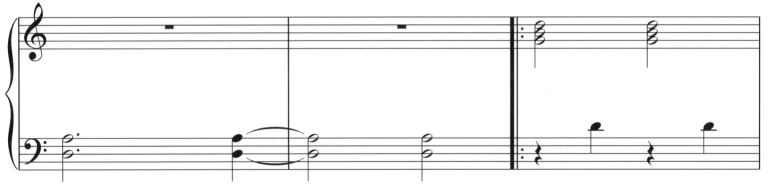

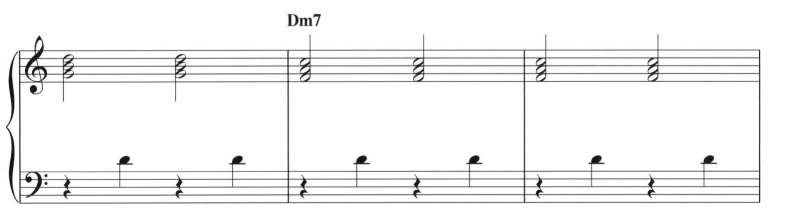

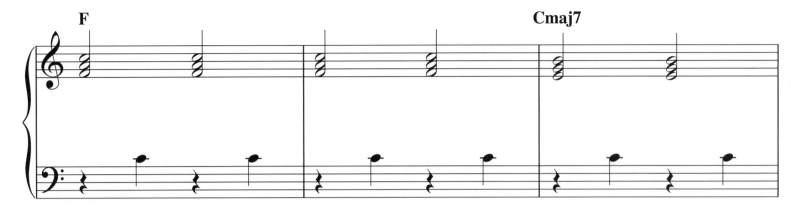

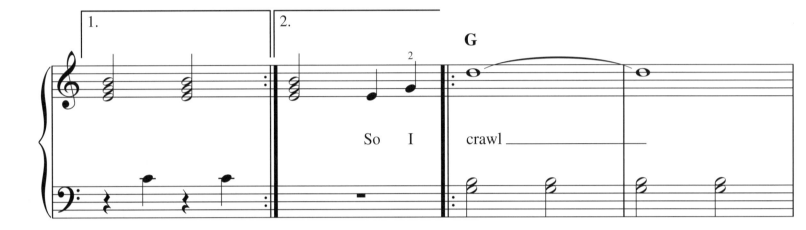

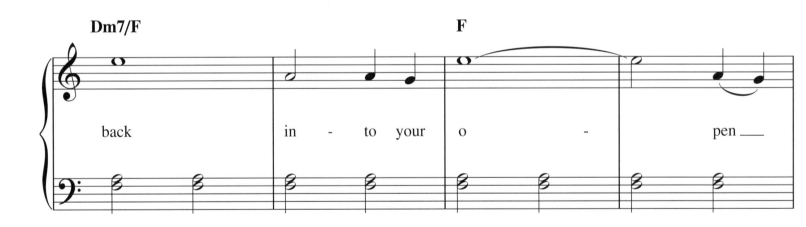

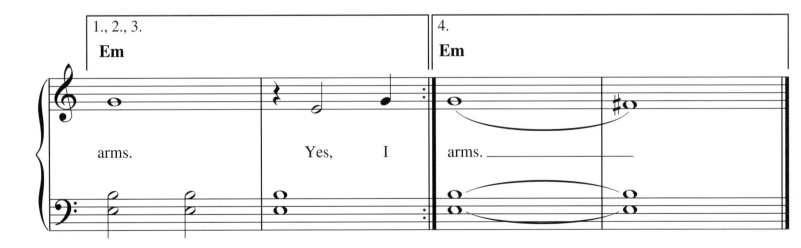

A WHISPER

Words and Music by GUY BERRYMAN,
JON BUCKLAND, WILL CHAMPION
and CHRIS MARTIN

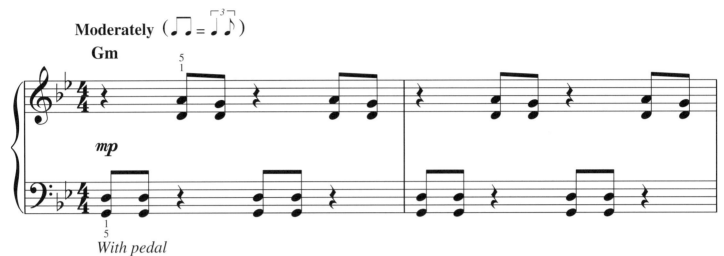

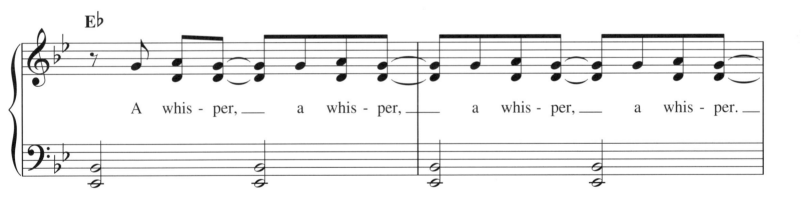

A whis - per, ___ a whis - per, ___ a whis - per, ___ a whis - per. ___

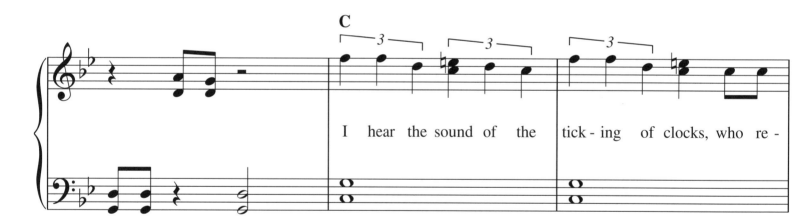

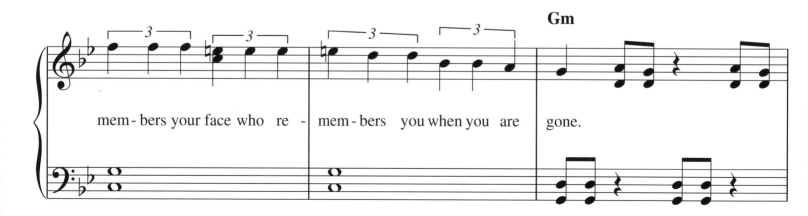

I hear the sound of the tick - ing of clocks, come back and look for me,

look for me when I am lost. And just a ___

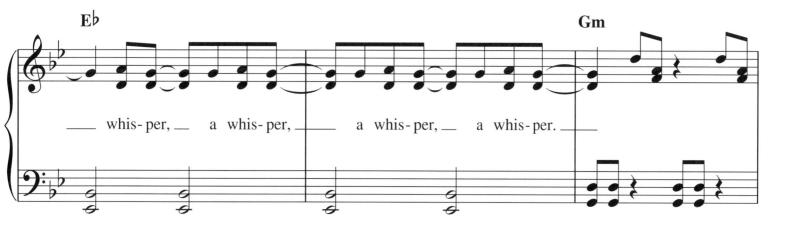

___ whis-per, ___ a whis-per, ___ a whis-per, ___ a whis-per. ___

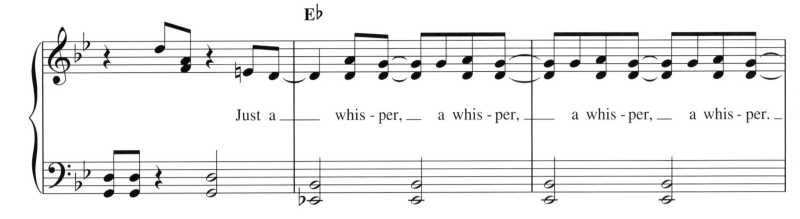

Just a ___ whis - per, ___ a whis - per, ___ a whis - per, ___ a whis - per.

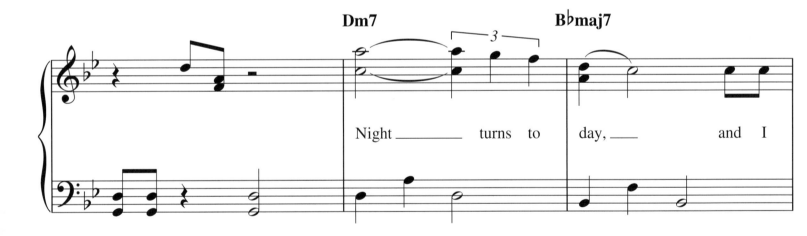

Night ___ turns to day, ___ and I

still have these ques - tions.

Bridg — es will

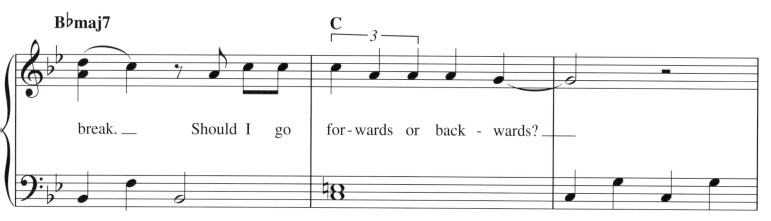

break. ___　　　Should I go　for - wards or back - wards? ___

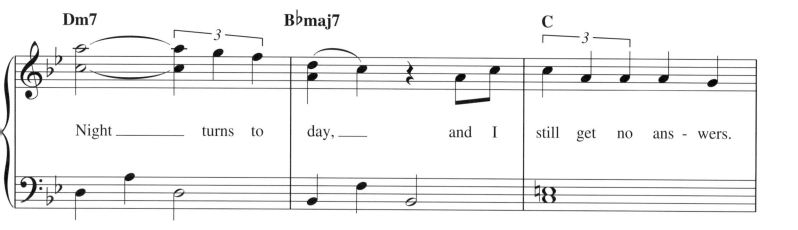

Night ___ turns to day, ___　and I　still get no ans - wers.

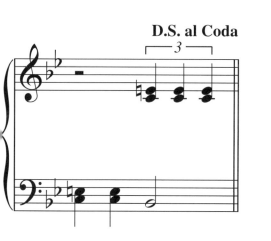

D.S. al Coda

CODA　　**G**

Play 3 times

RUSH OF BLOOD
(A Rush of Blood to the Head)

Words and Music by GUY BERRYMAN,
JON BUCKLAND, WILL CHAMPION
and CHRIS MARTIN

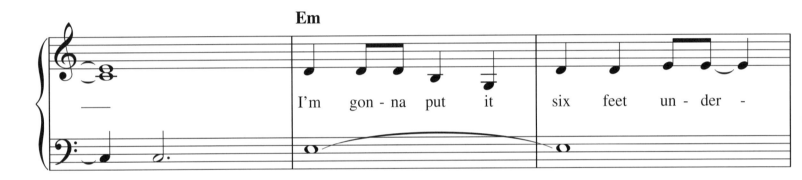

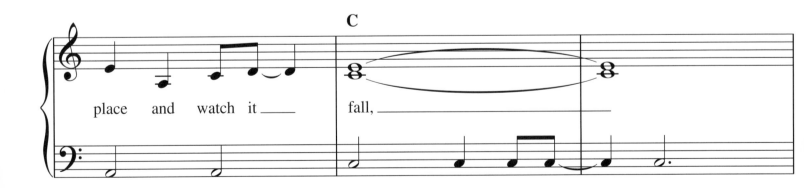

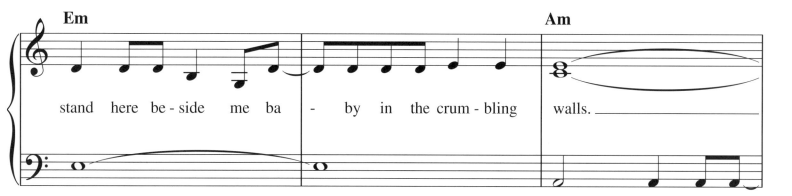

stand here be - side me ba - by in the crum - bling walls.

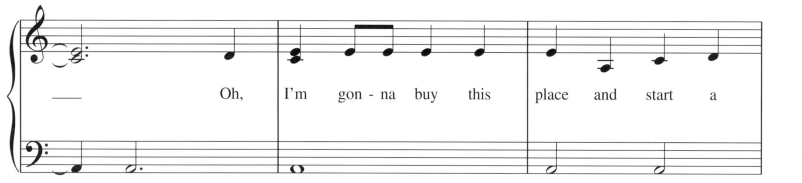

Oh, I'm gon - na buy this place and start a

fire. Stand here un - til I

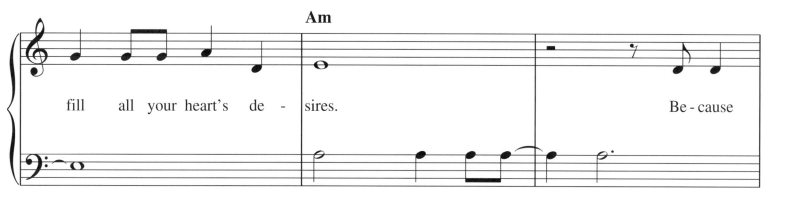

fill all your heart's de - sires. Be - cause

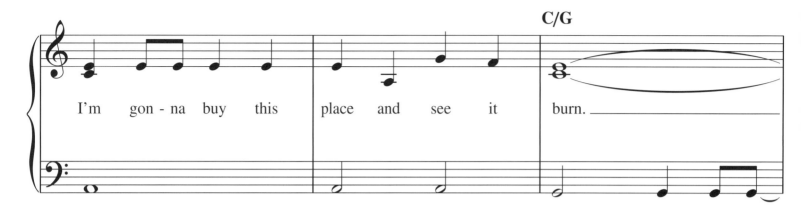

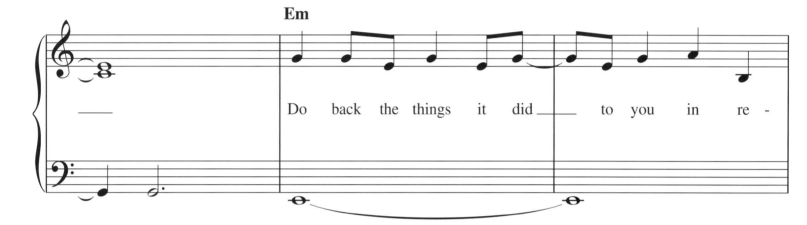

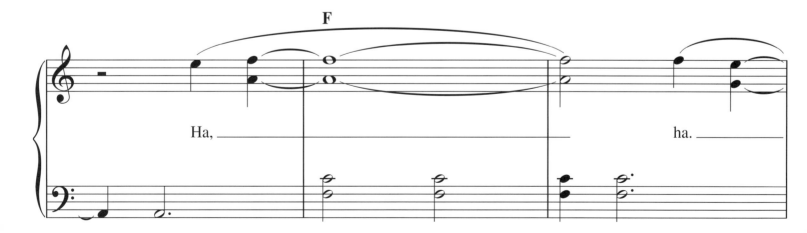

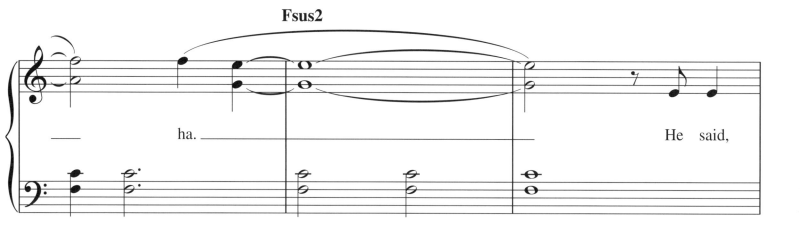

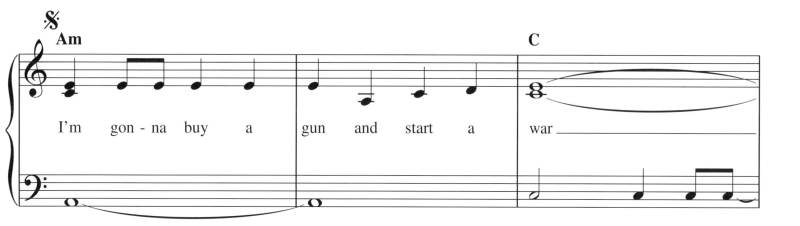

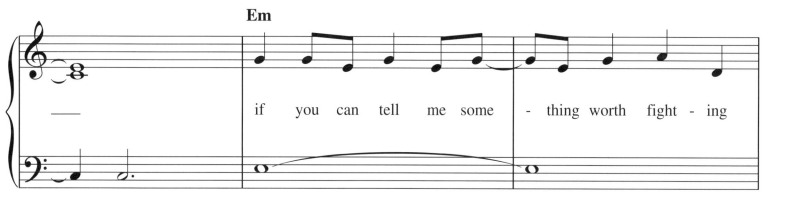

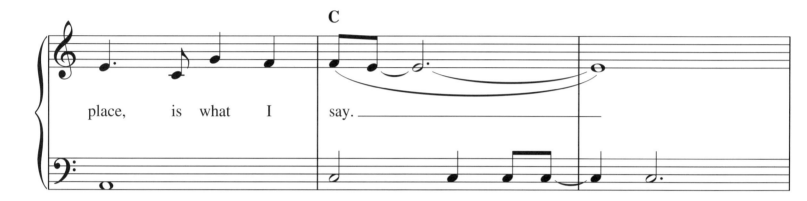

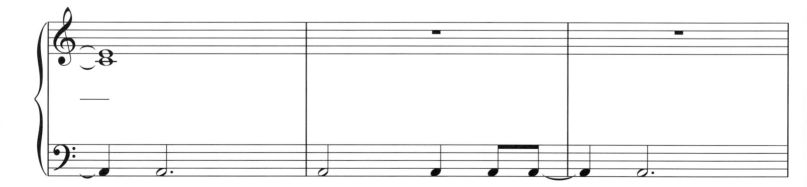

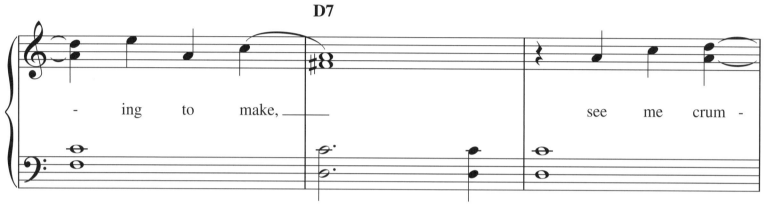

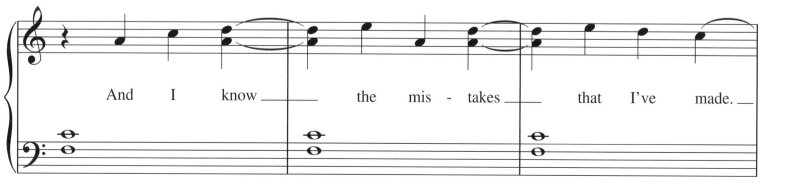

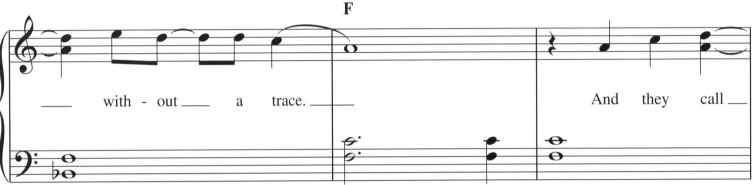

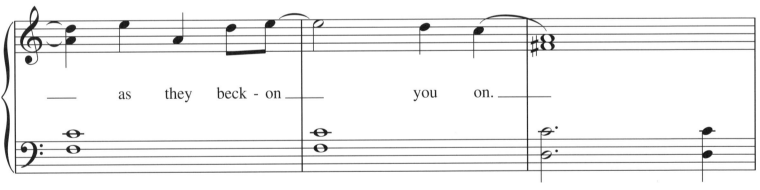

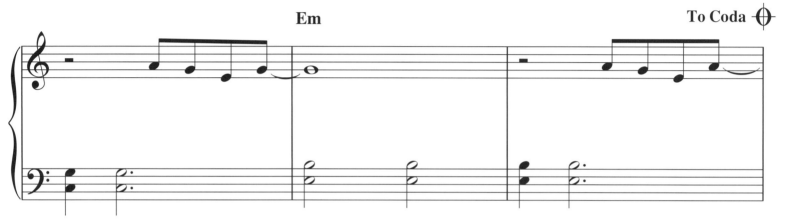

He said, I'm gon-na buy this

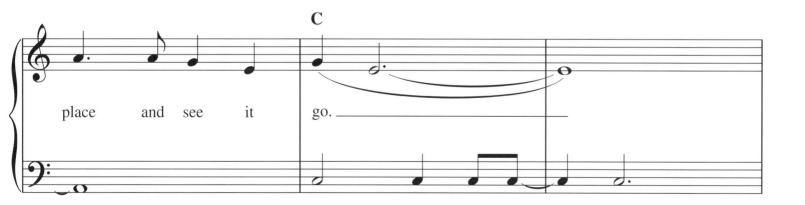

place and see it go.

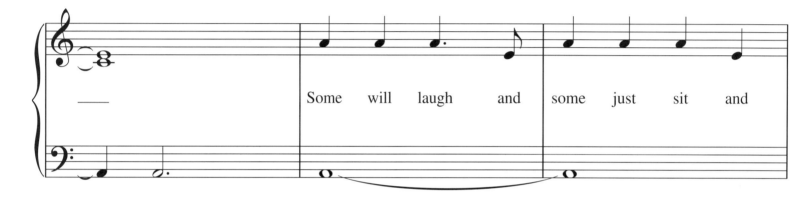

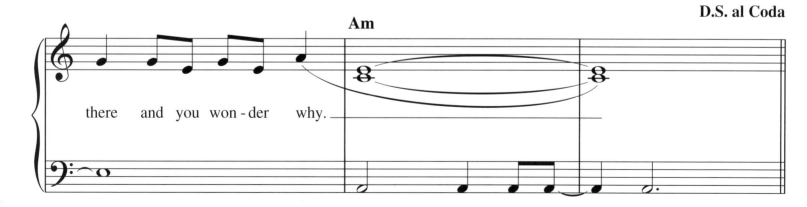

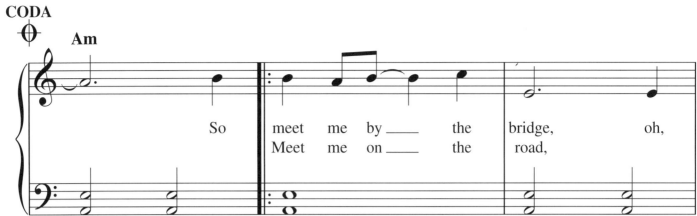

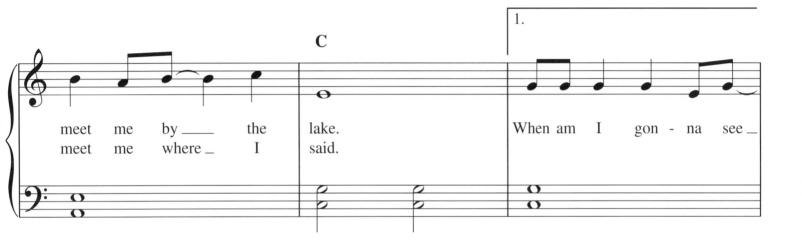

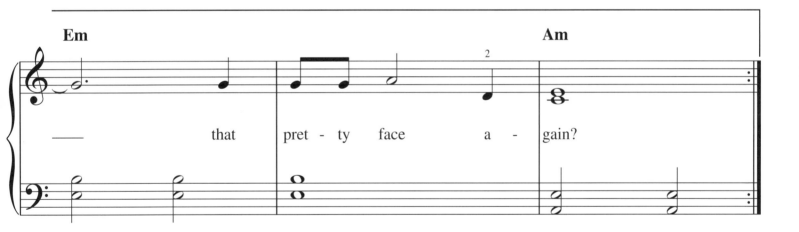

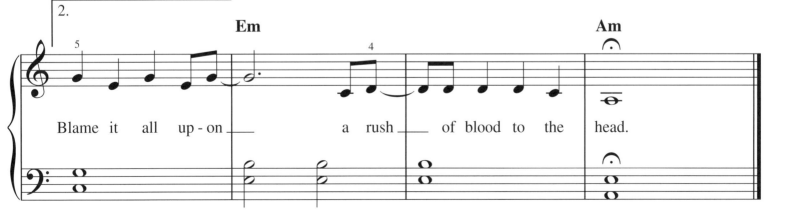

AMSTERDAM

Words and Music by GUY BERRYMAN,
JON BUCKLAND, WILL CHAMPION
and CHRIS MARTIN

Moderately slow

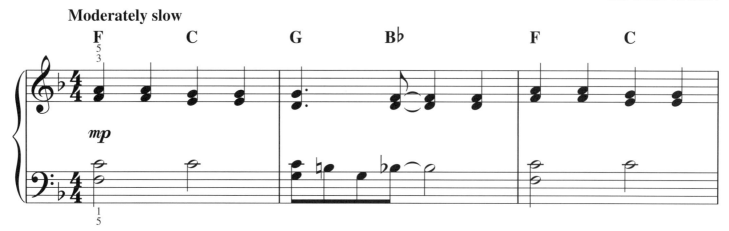

Come on, ___ oh,

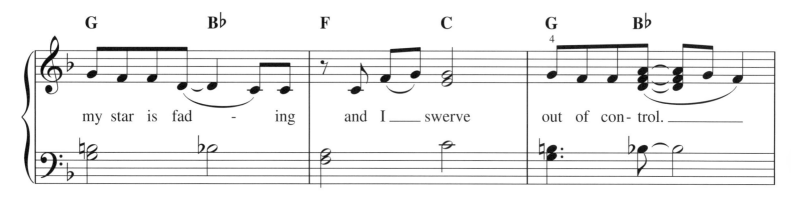

my star is fad - ing and I ___ swerve out of con - trol. ___

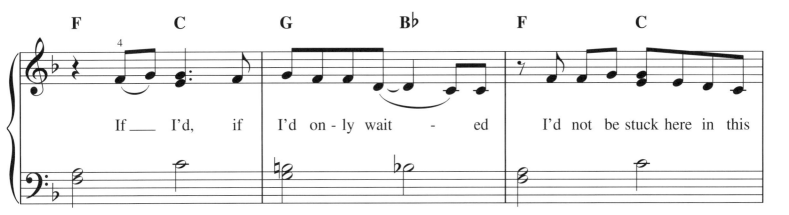

If ___ I'd, if I'd on - ly wait - ed I'd not be stuck here in this

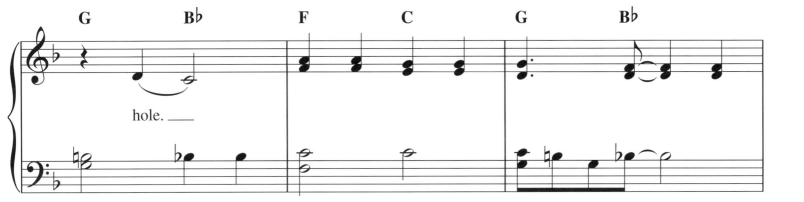

hole. ___

Come here, oh,
Come on, oh,

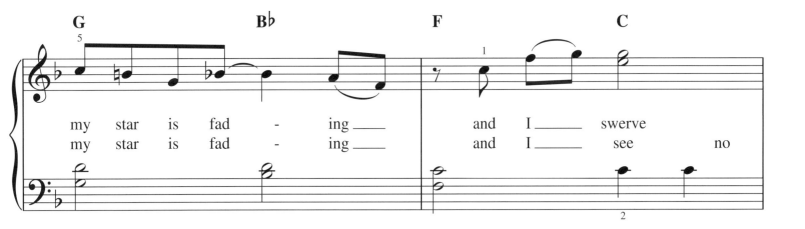

my star is fad - ing ___ and I ___ swerve
my star is fad - ing ___ and I ___ see no

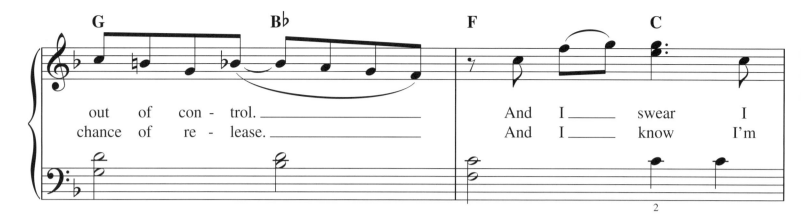

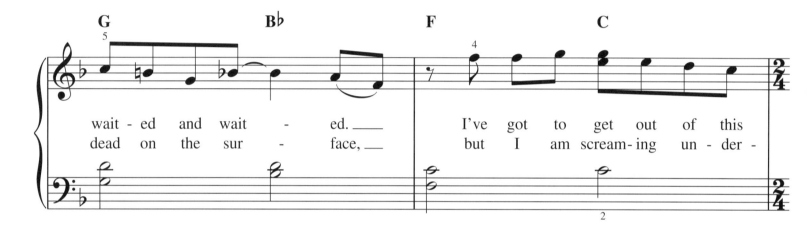

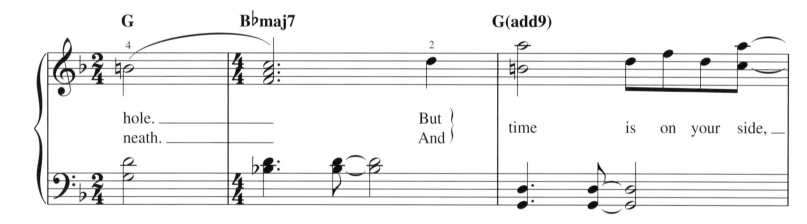

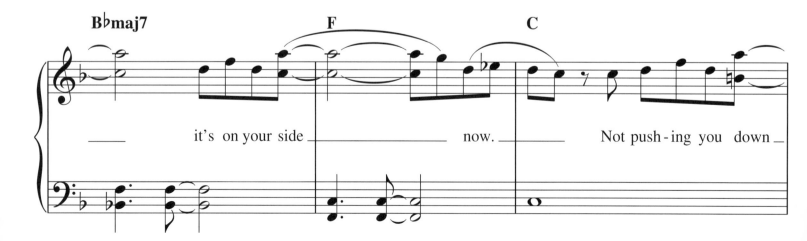

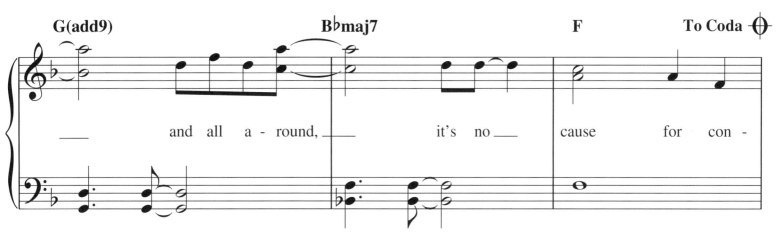

and all a - round, ___ it's no ___ cause for con -

cern.

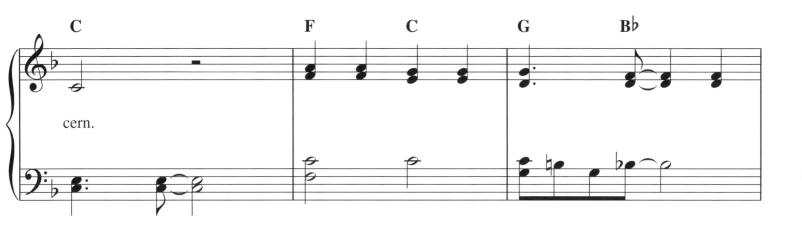

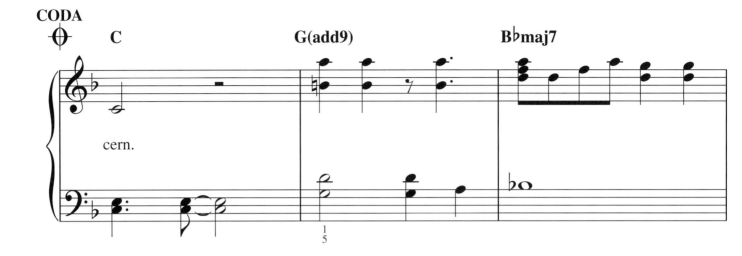

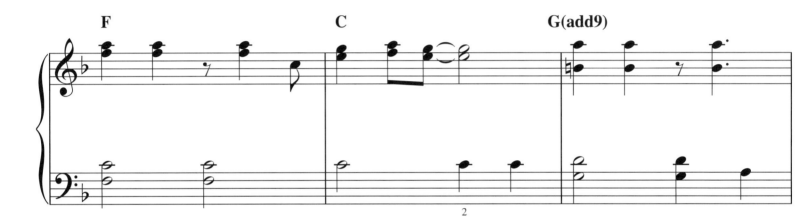

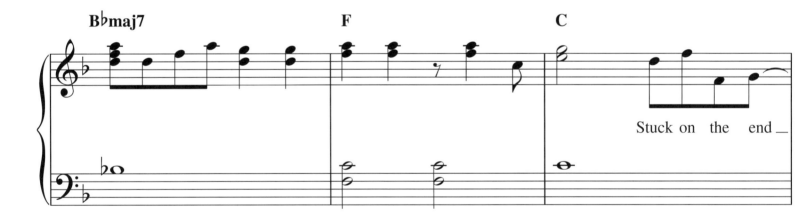

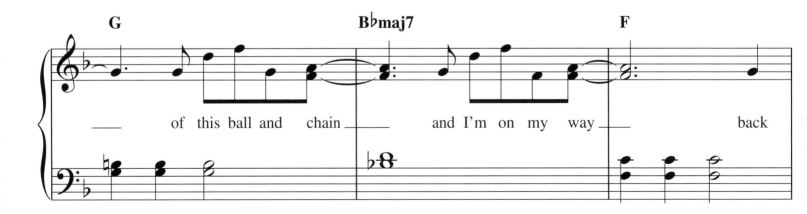

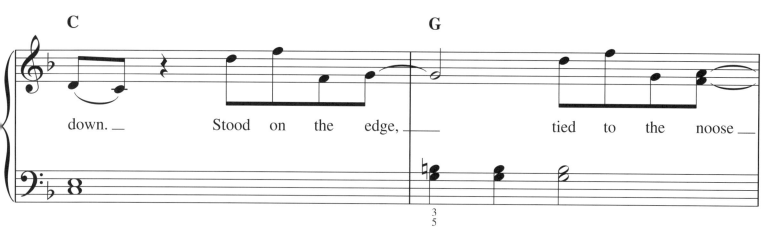

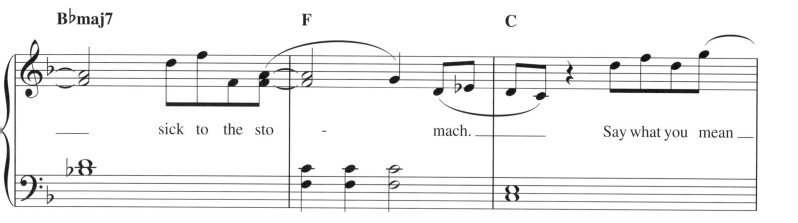

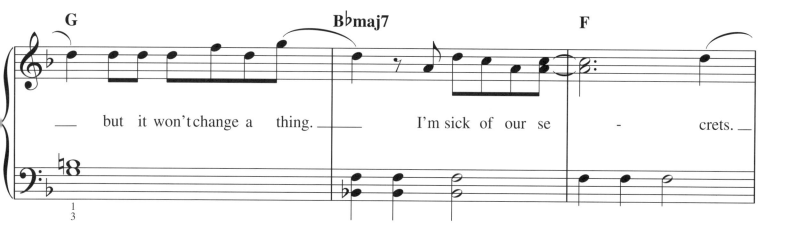

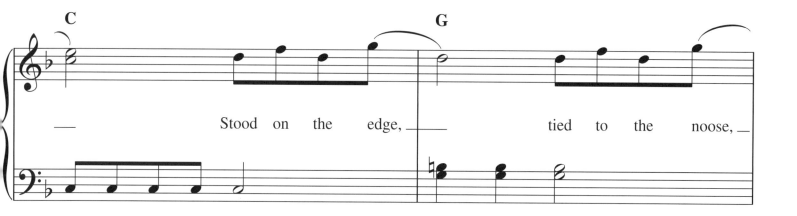

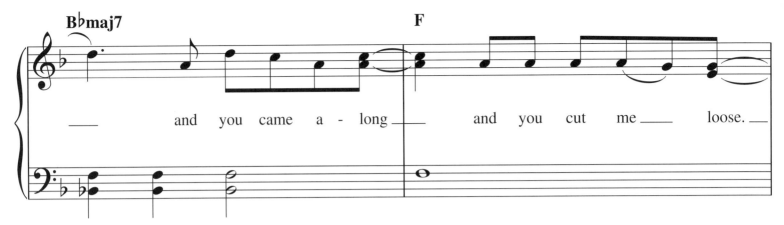

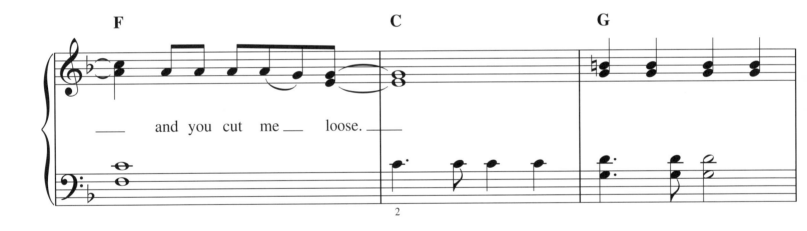

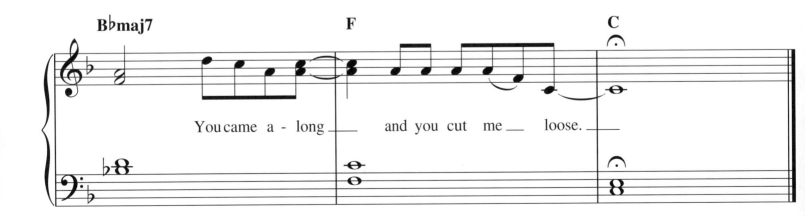